AF310055

ÉLOGE

DE LESAGE,

Par M. St.-MARC GIRARDIN.

DISCOURS QUI A REMPORTÉ L'ACCESSIT AU CONCOURS
DE L'ACADÉMIE FRANÇAISE.

A PARIS,

DE L'IMPRIMERIE DE FIRMIN DIDOT,

IMPRIMEUR DU ROI, RUE JACOB, N° 24.

M DCCC XXII.

NOTICE

SUR LESAGE.

Lesage ne fut pas un de ces hommes sublimes qui apparaissent pour éclairer le monde : aimé de ses lecteurs comme de ses amis, simple dans ses compositions et dans sa conduite, également éloigné de l'ambition littéraire et de l'ambition des o nneurs, il eut, pour ainsi dire, cette médiocrité de la fortune et du génie, qui, toujours honorable, donne le bonheur en conciliant l'estime sans éveiller l'envie : c'est au prix des malheurs et des agitations que le destin vend aux grands hommes ce génie qu'on croit qu'il leur donne, comme disait Lafontaine ; Lesage eut quelques chagrins domestiques, mais passagers; sa vie fut douce et tranquille, et il eut le bonheur de n'intéresser jamais que par ses ouvrages ; entraîné dans la carrière des lettres par goût et par nécessité, il trouva des ressources dans son talent, sans jamais que la pauvreté fût pour lui autre chose qu'un encouragement salutaire : placé au milieu du monde, il le vit :

Ainsi qu'un grand théâtre à cent acteurs divers.

Il s'empara du rôle d'observateur, et c'est en nous opposant les uns aux autres, en nous présentant tour à tour nos portraits, qu'il sut à la fois nous égayer et

r.

nous instruire : il pensa que l'objet et le but de la littérature est de peindre l'humanité, et ce fut l'homme
qu'il mit en scène devant l'homme : tour à tour ro-
mancier et auteur comique, tantôt dans Gil Blas il
envisage l'ensemble de la vie humaine, tantôt dans
ses comédies il en détache avec art quelques scènes
principales, et, peintre habile et persévérant, poursuit
ainsi le vice dans toutes ses situations et dans toutes
ses métamorphoses.

Lesage, né en 1668, mourut en 1747, et dans cette
vie de quatre-vingts ans, il assista à la fin du siècle
de Louis XIV et au commencement du siècle de
Louis XV ; siècles si différents quoique si proches :
l'un, tout brillant de la majesté des arts et des prestiges
de l'imagination, où la France, comme enivrée au
milieu des pompes de la victoire et des prodiges du
luxe royal, semblait ne plus connaître d'autre langage
que la poésie, et d'autre éloquence que celle de l'in-
spiration, où la littérature, sous les auspices de nos
grands hommes, s'élançait de son berceau déja toute
formée, siècle d'enthousiasme où tout paraissait grand
comme ce roi qui, jeune encore, commandait à la
nature comme à l'Europe, et qui, entouré de poètes
et d'architectes, de guerriers et de magistrats, voyait
s'élever à son ordre Athalie ou Versailles, et se délassait de ses victoires en fondant ses lois ; l'autre, moins
majestueux et moins auguste, où l'esprit d'examen
remplaça l'enthousiasme, où l'homme, comme fatigué
du joug des illusions, discuta ses admirations littéraires

comme ses croyances religieuses, et s'appuyant sur le doute pour arriver à une réalité désenchantée, sembla oublier qu'il y a dans l'empire des arts une sorte de duperie pleine de charmes, qu'il faut respecter par intérêt pour nos plaisirs. Lesage vécut dans une de ces époques où l'esprit qui doit dominer le siècle ne paraît encore que par de timides essais, et où la littérature indécise s'agite entre l'imitation respectueuse du passé et le désir de son indépendance à venir : mais ce n'est point chez lui qu'il faut chercher les traces du mélange des idées anciennes et des idées nouvelles ; ce n'est point dans ses ouvrages qu'on peut voir les deux littératures se rapprocher et s'unir quoique distinctes encore: Lesage appartient au siècle de Louis XIV, et quoique contemporain de Fontenelle et de Voltaire, à peine cependant trouverait-on dans ses écrits quelques traces de cet esprit philosophique qui caractérisa la littérature sous Louis XV. Si, dans la dernière partie de Gil Blas, il a peint la cour d'Espagne, c'est plutôt en satirique qu'en philosophe : c'est un moraliste pénétrant, c'est un frondeur spirituel, qui trace avec vérité le tableau des intrigues des cours, qui dévoile avec finesse les abus, mais sans jamais s'arrêter à nous montrer leur influence sur le sort des peuples. Il décrit les préjugés et les erreurs, moins pour les détruire en les dénonçant, que pour peindre l'homme qui s'y laisse entraîner : ainsi que les écrivains philosophiques, il possède l'esprit d'examen et de critique, mais il l'applique différemment: il considère toujours l'individu et les passions parti-

culières, les autres examinent l'esprit et les opinions
de quelqu'une des grandes classes de la société. Lesage pourra quelquefois ridiculiser l'ignorance et la
fierté castillanne de quelque gentilhomme, mais il
respecte la noblesse, et censeur piquant des vices de
quelque chanoine, jamais il n'attaque le clergé : plus
tard l'esprit philosophique ne fit souvent que changer
les observations particulières de Gil Blas en principes
généraux, et ses saillies satiriques en déclamations
irritées.

C'est peut-être en effet un des caractères des moralistes du siècle de Louis XIV, de voir toujours
l'homme sous un point de vue particulier : ils nous
peignent dans nos relations d'homme à homme, mais
jamais ils ne nous montrent les rapports qui unissent
l'individu à la société : il semble que depuis que
Louis XIV a dit, l'état c'est moi, ils aient admis
comme réelle cette personnification despotique, et
n'aient plus vu autour d'eux que des individus et des
passions isolées : moraliste et satirique, nous retrouvons dans Lesage cette perspicacité si pénétrante dans
tout ce qui a rapport à l'homme, cet aveuglement
si sincère dans tout ce qui a rapport à la société politique : nous suivons Gil Blas à la cour d'Espagne,
nous entrons avec lui dans le cabinet des ministres;
mais il ne songe pas à nous retracer l'état de la mo-
narchie espagnole sous les successeurs de Philippe II ;
il ne veut que peindre les mœurs des courtisans : est-
il tout à coup conduit à la tour de Ségovie, jamais
dans l'amertume de ses douleurs il ne lui échappe

un mot d'étonnement ni de plainte sur les formes de cette captivité si brusque et si soudaine. L'esprit philosophique est peint en quelque sorte dans l'homme *aux pourquoi* de Lafontaine ; Lesage ne cherche jamais le pourquoi, et son silence n'est pas une discrétion respectueuse ou une réticence épigrammatique ; c'est une ignorance sincère et naïve.

Considérons un instant l'état de la société, la condition des hommes de lettres telle qu'elle était encore vers la fin du règne de Louis XIV, et enfin la vie et les liaisons de Lesage : peut-être cet examen nous apprendra-t-il pourquoi Lesage ne ressentit qu'à peine l'influence des idées nouvelles.

Lorsque jeune, et sans autre richesse que son talent, Lesage arriva à Paris, Louis XIV était encore dans tout l'éclat de sa puissance : Catinat et Luxembourg avaient succédé à Turenne et à Condé ; Racine, Boileau, Lafontaine, soutenaient la gloire de la littérature. Tout ce qui composait l'esprit du siècle, cette disposition d'une raison discrète sans être crédule, qui sait respecter également les mystères du pouvoir et ceux de la religion ; cette déférence naturelle devant une autorité consacrée par la victoire et par les hommages du génie ; cette crainte des innovations que venait confirmer le souvenir des égarements de la fronde, tout enfin imprimait dans les esprits des habitudes de calme et de gravité qui éloignaient la littérature des spéculations hardies du scepticisme : telles furent les premières impressions de Lesage ; elles ne s'effacèrent jamais. Lorsque les dégoûts qu'il essuya à la comédie française le forcèrent d'abaisser son talent jusqu'aux pièces de la foire, il vécut avec Piron, Fuselier, d'Orneval, quelques autres encore, et Crébillon lui-même, qui venait souvent s'asseoir à leur table, et égayer parmi eux sa muse sombre et tragique; mais la liberté même et l'indépendance de leur société ne passa pas dans ses ouvrages, non plus que dans ceux de ses compagnons de plaisirs et de travaux : on vit alors dans la littérature une sorte d'école intermédiaire d'écrivains appartenant par le caractère de leurs ouvrages au siècle de Louis XIV, et par l'indépendance de leur vie et de leur esprit au siècle de Louis XV, formée d'hommes ingénieux et pénétrants, quoique amis d'une discrétion souvent timide, peu scrupuleux quoique opposés aux esprits forts, hardis dans leurs conversations, mesurés dans leurs écrits, et qui ne voulaient que jouir des douceurs d'une liberté obscure : chez eux la littérature n'était encore que ce qu'elle était sous le règne précédent, une sorte d'embellissement de l'existence et de plaisir de la société : elle n'avait point cette intention sérieuse que lui donnèrent les écrivains qui suivirent.

C'est parmi eux que vécut Lesage, et les premières impressions de sa jeunesse, ses liaisons avec cette société, ses inimitiés avec Voltaire, cet écrivain qui représentait pour ainsi dire l'esprit philosophique, tout dut l'en écarter : peut-être aussi la condition des auteurs à cette époque n'était-elle point encore favorable à ce nouvel esprit. Il y a aujourd'hui dans la condition des hommes de lettres quelque chose de noble et d'élevé : ils ont encore des protecteurs ; mais on n'exige plus que leur reconnaissance aille presque jusqu'à la servilité : entre le génie et le pouvoir il existe une sorte d'égalité honorable, et l'auteur n'a plus à craindre d'être le seul qui paraisse avoir la conscience du respect que mérite le talent. Lorsque, vers une époque où la licence de la gaîté plutôt que la hardiesse de la philosophie semblait prendre plaisir à confondre les rangs, Piron s'écriait : « Monsieur le duc, je passe le premier s'il faut garder « son rang ; » alors son audace, pour n'être point une sorte de sacrilége, eut besoin d'être regardée comme une saillie de plaisanterie ; aujourd'hui ce ne serait qu'un oubli des règles de la politesse, et non des lois et des usages de l'état. Peut-être pourrait-on dire que cette émancipation des lettres, commencée par les écrits et la fortune de Voltaire, doit aussi quelque chose au souvenir de notre révolution que prépara la littérature : c'est en voyant la puissance des lettres qu'on apprit à les respecter, et lorsqu'on les accusait de l'ébranlement des empires, lorsque la législation s'armait contre elles, il n'était plus permis de les placer au rang des frivolités et des plaisirs. Toutefois, à l'époque où vécut Lesage, il n'y avait pas encore assez d'indépendance dans la position des gens de lettres pour qu'il y en eût dans leurs ouvrages : ils n'étaient point, comme les Bardes écossais, dans les liens d'une domesticité plus ou moins honorée ; mais ils vivaient sous le patronage de quelques protecteurs illustres, et les dédicaces de leurs ouvrages étaient souvent une sorte de spéculation. C'était parmi le clergé qu'il fallait alors chercher le mérite de l'indépendance, et ses ministres, investis d'une magistrature religieuse et membres d'un corps politique, puissant par ses lumières et son organisation, étaient les seuls qui pouvaient parler avec toute la hardiesse de la vérité, sans s'asservir aux précautions que nous impose une condition précaire et incertaine.

Lesage était arrivé à Paris avec toute l'espérance de la jeunesse, mais sans autre ressource que son esprit : il s'en aida : ses premiers ouvrages eurent peu de succès ; mais bientôt *Crispin rival de son maître*, et surtout le *Diable boiteux*, distinguèrent son nom de la foule des écrivains : ce dernier ouvrage eut un succès de vogue, et le duel de deux jeunes seigneurs, qui se disputaient le dernier exemplaire, sembla rappeler ces succès de théâtre où les portiers étouffés attestaient la gloire de l'auteur ; mais au moins le Diable boiteux était-il plus digne de cet empressement que les pièces de Scudery. Lesage avait étudié la littérature espagnole au moment où la France avait abandonné cette étude. Cette langue et cette littérature, qui avait présidé à l'éducation de nos grands hommes et qu'ils firent oublier, dont le vernis plus brillant que réel avait ébloui notre pauvreté française, lorsqu'introduite chez nous à la suite des reines de la maison d'Autriche, elle était devenue à la fois une source de plaisirs pour l'esprit et un moyen de faveur à la cour, était alors tombée comme sa patrie elle-

même, et la recherche du bel esprit avait appauvri et
desséché la littérature, comme l'or du Pérou avait appauvri et desséché la nation : leurs auteurs étaient
négligés, leurs armées vaincues, et de leur influence
sur la France il n'était resté qu'une sorte de décence
majestueuse dans la galanterie : c'est dans cet état
que Lesage rappela la littérature espagnole dans ses
romans, et telle est la rapidité mobile de l'esprit humain que ce qui n'était qu'un souvenir parut presque
une nouveauté : mais ses romans n'eurent rien d'espagnol que les noms et les lieux de la scène : c'est
l'esprit et les mœurs françaises qu'il retrace, et dans
cette perpétuelle illusion aux ridicules de sa patrie,
dans ce retour d'imagination, il y a quelque chose
qui plaît, parce qu'on le devine : on sent que les
Pyrénées ne sont qu'une barrière mise entre quelques
amours-propres ombrageux et la malice de l'auteur :
ce voyage innocent ne dépayse personne, et au milieu
des vices et des passions espagnoles, le lecteur sourit
comme à la vue d'un portrait que nous connaissons.

Labruyère, dans le siècle précédent, avait peint
les caractères de l'homme, mais isolés et sans liaison :
il fait brusquement passer son lecteur d'un sujet à un
autre, et l'on se fatigue de trébucher ainsi de réflexions en réflexions : Lesage conçut l'idée de nous
donner un guide qui nous dirigeât au milieu de ce
labyrinthe des passions humaines, et si dans le Diable boiteux il n'essaya pas de tout ramener à un personnage principal, du moins il inventa un cadre où
vinssent apparaître tour à tour les tableaux de nos

vices : ici l'unité est dans la forme, mais pas encore dans le personnage; c'est un roman à tiroirs, et si les *Fâcheux* de Molière, tout remplis de portraits finement tracés, annonçaient la comédie de caractères qui allait naître dans *le Misantrope, le Diable boiteux*, où les peintures de nos vices se succèdent avec une rapidité si gaie et si spirituelle, présageait aussi le roman de caractère : Lesage le créa dans Gil Blas.

Le roman peut être tantôt le récit d'évènements fictifs, tantôt le développement d'une passion, et tantôt enfin la peinture des mœurs sociales. L'antiquité nous a laissé quelques essais dans le roman d'évènements et de passions, aucun dans le roman de mœurs : peut-être l'état de la société s'opposait-il à la naissance de ce genre ; en effet, à Athènes où l'on vivait, pour ainsi dire, sur la place publique, quel mérite y aurait-il eu à retracer ce qu'on voyait sans cesse, quelle finesse à révéler ce qu'on ne cachait pas, quelle sagacité à pénétrer ce qu'on ne dérobait pas à la vue? il a fallu le secret de notre vie domestique pour donner à l'observation de mœurs l'attrait d'un mystère qu'on dévoile : à Rome, il semble qu'un autre obstacle ait empêché la naissance du roman de mœurs, et que la fierté romaine ait protégé les vainqueurs du monde contre ces révélations qui eussent appris aux peuples les petitesses de leurs maîtres : c'était dans nos sociétés modernes, au milieu de la civilisation de nos mœurs perfectionnées jusqu'à la corruption, que devait naître le roman de caractère.

Un jour le Tasse, à l'aspect d'une belle campagne

où la nature avait déployé toutes ses richesses, disait
à un ami : Vois-tu ? voilà mon poème. Lesage à l'aspect de cette société toute diversifiée de vices et de
ridicules, put dire : voilà mon roman. Mais il fallait
mettre en ordre tous ces matériaux confus ; il fallait
trouver l'art de faire ressortir tous ces divers personnages qui allaient entrer dans son tableau. Lesage vit le but qu'il fallait atteindre et la route qu'il
devait prendre ; il possédait à la fois l'esprit qui ob-
serve, et l'esprit qui invente : Molière, dans ses comédies, avait trop sacrifié l'intrigue aux développe-
ments des caractères. Lesage voulut éviter cet écueil;
il voulut que la peinture des mœurs ne nuisît jamais
à l'intérêt de l'action : la tâche était difficile ; il fallait
que le cadre fût assez large pour admettre tous ces
portraits qui devaient paraître successivement : ce
n'était pas ici une action théâtrale où l'intérêt, res-
serré dans les limites de quelques heures, est plus vif
et plus rapide, où il est concentré sur quelques personnages annoncés dès le début : c'est une action
longue et diverse où les personnages paraissent et
disparaissent tour à tour, où il faut sans cesse mul-
tiplier les couleurs, donner à chacun une nuance,
passer de l'un à l'autre sans cependant perdre de
vue le principal personnage qui s'avance comme au
milieu d'une vaste galerie de portraits, qui tous ont
un rapport direct avec lui.

Lesage a su résoudre ce problème ; il a su faire à
la fois un roman d'intrigue et de caractère. Voyons
d'abord quels sont les ressorts de l'ouvrage ; ils sont

simples, mais habilement combinés pour développer
les mœurs et les passions. Son héros est pauvre, sans
appui, et il sort de son village pour entrer dans le
monde avec beaucoup d'espérance, un esprit ordinaire, quelques ducats, et une mule vieille et ré-
tive; eh bien, la nécessité développera ses moyens,
et ses luttes nous intéresseront. Ce n'est pas un de
ces esprits d'intrigue, un de ces Figaros audacieux,
qui, dans l'orgueil de leur friponnerie, ne craignent
rien, et appellent les aventures : je l'en aime mieux ;
c'est un homme simple qui est plus rapproché de
nous ; nous pouvons douter de ses succès sans faire
injure à ses talents ; il n'est point assez fort pour que
les chances du combat ne puissent être quelquefois
incertaines, et cette incertitude nous promet du plaisir.

Ainsi que Don Quichotte, Gil Blas est souvent ma-
lencontreux ; mais ici ses mésaventures sont toujours
instructives : il y a dans Don Quichotte quelque chose
de triste à la fois et de bouffon : nous rions des malheurs du bon gentilhomme ; mais pourtant il n'est
ridicule que parce que son siècle a changé ; il n'ex-
pie pas ses torts, mais sa maladie ; et, en lui refu-
sant notre pitié, nous n'avons pas l'excuse de lui
reprocher fses autes. Ici, Gil Blas est puni tantôt de
sa vanité et de sa présomption, tantôt de son impru-
dent bavardage. Dans Cervantes, le plaisir naît de
ce contraste perpétuel de la société, telle que l'ont
faite les vices et les mœurs des hommes, avec la société, telle que la voit le cerveau chevaleresque du
héros. Ici, ce qui plaît, c'est cette facilité de Gil Blas

à se plier à toutes les influences des circonstances et des hommes. On dirait que Lesage, dans son projet de retracer dans ce roman tant d'individus divers, ait voulu faire de Gil Blas une sorte de miroir qui pût recevoir tour à tour leurs diverses images : c'est un trait de sagacité de peindre ainsi les caractères par l'impression qu'ils produisent sur les autres.

Les changements de fortune de Gil Blas sont brusques et rapides ; tour à tour pauvre et riche sans transition, secrétaire de ministre et prisonnier, il ne décline pas, il tombe : aussi est-il toujours comique : la lenteur de la chute et de l'élévation nous donne le temps de nous mettre d'accord avec notre état ; et le contraste de nos mœurs et de notre condition disparaît et s'efface : mais dans ces brusques révolutions de la fortune, l'homme s'élève ou tombe avec toutes ses opinions et tous ses préjugés antérieurs ; et, forcé de prendre soudainement de nouvelles allures, il se trouve gêné, contraint et ridicule : il peut nous être permis de croire qu'une expérience récente éclairait alors Lesage, et que le spectacle des caprices du sort à l'époque de Law, de ces saturnales de la fortune qui confondaient le maître et le valet, où chacun avait l'habit du jour tout en conservant encore le geste et le ton de la veille ; il est permis de croire, disons-le, que cet aspect ne fut pas inutile à Lesage, et qu'il ne fit que personnifier dans son héros ce qu'il avait vu dans le monde.

Si nous examinons les détails, quelle finesse d'observation, lorsqu'il nous montre Gil Blas qui, dupe dans sa pauvreté, l'est encore dans sa richesse ; mais qui s'élève alors, pour ainsi dire, des mains des fripons subalternes dans celles des fripons titrés, toujours trompé, mais alors avec plus de cérémonies ! Quelle leçon profonde dans cette corruption des mœurs de Gil Blas lorsqu'il devient courtisan, lui, dont la vertu s'était échappée, blessée, il est vrai, mais encore vivante, de la caverne des voleurs et du foyer des comédiens ! quelle vérité dans la peinture de toutes ces petites protections qui poussent Gil Blas de la cuisine dans l'antichambre, et de l'antichambre dans le cabinet du ministre ! quelle sagacité d'avoir su le placer dans la condition de valet ! quel meilleur poste pour découvrir les faiblesses humaines, et qui pourrait dérober ses défauts et ses ridicules à cet examen de tous les jours, à cet espionnage de tous les moments ! aussi quelle inépuisable variété de peintures délicates ! Les caractères y sont saisis sous toutes leurs métamorphoses et sous toutes leurs formes, depuis l'auteur grand seigneur, jusqu'à l'auteur simple bourgeois ; depuis l'archevêque de Grenade et ses homélies, jusqu'au fils du barbier Nunez et ses pièces de théâtre. Quelle diversité de mœurs depuis le chanoine gourmet de Valladolid, qui a peut-être donné l'idée du vieux célibataire, jusqu'au maigre docteur Sangrado, cet apôtre et cet apostat de la saignée et de l'eau, dont la désolante allusion sera à jamais l'effroi des charlatans ! Faut-il peindre quelqu'un de ces caractères désordonnés que la société repousse de son sein, quelqu'un de ces hommes énergiques et cruels que nos

romanciers affectionnent maintenant? Voyez le caractère de Rolando, le chef des voleurs: n'y retrouve-t-
on pas cette immoralité orgueilleuse et insouciante qui
se venge du mépris qu'elle mérite, par des satires
contre les hommes? A côté de cette peinture fière et
hardie, quel contraste que celui de ces chevaliers
d'industrie, qui n'ont que la bassesse du vol et l'hy-
pocrisie de la friponnerie! Il semble que le roman de
Lesage soit un vaste répertoire de nos folies et de nos
vices : ce n'est pas seulement la peinture des mœurs
françaises, c'est la peinture du cœur humain.

Parlerons-nous maintenant de la morale des ouvrages de Lesage? Avouons-le, c'est en vain qu'on y
chercherait quelque chose de cette morale sublime et
élevée qu'on trouve dans les romans de Richardson,
et dans la dernière partie de l'Héloïse : on voit dans
Lesage un homme qui n'a ni assez de passion pour
la vertu, ni assez d'indignation contre le vice; il y
a dans ses récits, où paraissent tour à tour l'honnête
homme et le fripon, une indifférence sceptique qui
nous afflige et nous choque : quelquefois même lorsqu'il peint quelque tour de filouterie adroitement
combiné, on se plaint de trouver une sorte de gaîté
qui ressemble à de l'approbation : on dirait qu'à ses
yeux la vie n'est qu'une partie de jeu, et qu'il n'ap-
plaudit qu'à l'adresse ; il semble qu'il considère la
conduite des particuliers, comme Machiavel la conduite des princes, et ne juge que la question du plus
ou moins d'habileté. C'est surtout dans Gusman d'Alfarache que l'on sent ce défaut de pensées élevées.

Non que nous prétendions exiger de Lesage de prêcher toujours la morale, et de changer ses romans en sermons; mais on y regrette un sentiment secret de haine pour le vice et d'amour pour la vertu : dans Gil Blas au moins retrouve-t-on cette intention morale qui soulage la conscience du lecteur. On voit que son principal but est toujours d'amuser, et qu'il craint surtout d'échouer contre ces deux écueils des moralistes, l'ennui et la perfection du héros; mais du moins tout y est combiné pour produire un intérêt dont nous n'ayons pas à rougir. Gil Blas est simple dans sa morale comme dans ses aventures; ses principes et sa destinée ne sont jamais des exceptions. Ce n'est pas un de ces modèles de vertu dont la sublimité nous décourage et nous désespère : il va terre à terre avec nous; il tombe, il se relève; mais sans vouloir nous imposer l'imitation, il nous montre tantôt ce qu'il faut faire, tantôt ce qu'il faut éviter : il trébuche quelquefois, mais jamais il ne s'enfonce tout-à-fait dans le vice; et il y a en lui une bonhomie naturelle qui revient à la vertu sans efforts et sans passion : il répand sur tout une teinte de naïveté toujours aimable, soit qu'il demande plaisamment à Dieu de ne pas charger sa conscience des coups d'escopette qu'il tire sur la voiture des voyageurs, et des saignées qu'il ordonne chez Sangrado, soit qu'il tombe tour à tour des mains des voleurs dans celles des alguazils, et de la caverne dans la prison. Enfin, il sait aussi nous offrir quelquefois de profondes leçons de morale; et, lorsque Gil Blas revient à Oviedo voir mourir

un père qu'il a oublié dans l'insolence de sa prospé-
rité, n'y a-t-il pas une observation de mœurs judicieuse dans ce luxe déplacé des funérailles du pauvre
écuyer, et une leçon frappante dans cette indignation
tumultueuse des habitants d'Oviedo, qui voient pro-
diguer aux obsèques du père plus qu'il n'aurait fallu
pour adoucir sa vie? Peut-être cependant Lesage ici
encore songe-t-il plus à peindre le parvenu qu'à nous
faire haïr le mauvais fils; la leçon morale n'est qu'accessoire, et il finit son chapitre en nous d sant : « Avis
«aux gens du commun qui, après s'être enrichis hors
« de leur pays, veulent y retourner pour faire les gens
« d'importance. »

Lesage était dans la force de l'âge et du talent lorsqu'il fit Gil Blas, et c'est dans ce roman qu'il faut chercher son génie. Plus tard, ses ouvrages commencent
déja à se ressentir de la froideur de la vieillesse ; et
le Bachelier de Salamanque, où la multiplicité des
aventures remplace la fécondité des observations, an-
nonce le déclin de l'auteur. Nous retrouvons encore
sa sagacité accoutumée à mettre son héros dans des
situations où il puisse découvrir facilement les ridicules de l'humanité : si naguère, dans le Diable boiteux, Asmodée enlève brusquement les toits des mai-
sons de Madrid, pour découvrir les passions de leurs
propriétaires, ici, comme dans Gil Blas, le moyen est
plus naturel et plus efficace, et le préceptorat n'est
pas moins bien choisi que la domesticité, pour révéler
à notre curiosité le secret des ridicules et des vices
domestiques. Je ne sais quel dieu de la mythologie

souhaitait que l'homme eût au cœur une fenêtre qui laissât apercevoir ses plus secrètes pensées ; il semble que Lesage dans ses ouvrages ait voulu réaliser cette allégorie : mais ici son bachelier quitte trop tôt son rôle d'observateur pour prendre celui d'un héros de roman, poursuivant jusqu'en Amérique son épouse enlevée : ce ne sont plus des portraits fins et ingénieux de nos défauts, ce sont des aventures bizarres, des reconnaissances, des déguisements, et tous ces ressorts usés des romans espagnols. La lecture de cet ouvrage nous rappelle involontairement le souvenir des dernières homélies de l'archevêque de Grenade ; et, si la prédilection de Lesage pour ce roman n'est pas une de ces anecdotes inventées à plaisir, si, comme le prélat espagnol, il chérissait les derniers fruits de son talent, c'est ici son expérience personnelle qui prouverait l'exactitude de ses observations, et il serait lui-même le témoignage vivant de la fidélité de ses portraits : tant il est vrai que le génie pas plus que la beauté ne veut se convaincre qu'il vieillit.

Lesage dans ses romans avait dû négliger l'intérêt des grands évènements et des passions violentes : il voulait peindre l'homme de la société ; et au milieu des grandes catastrophes ou des grands sentiments, c'est l'homme de la nature qui reparaît. Hors du cercle ordinaire de la vie les ridicules s'effacent : aussi voit-on Lesage, tout en voulant animer ses personnages, leur dispenser la vie avec une sorte de réserve ; et l'on sent qu'il craint sans cesse d'effacer cette empreinte des habitudes sociales qu'il veut reproduire dans ses portraits. Un auteur moderne, Walter Scott, dans ses romans a suivi une route différente : comme Lesage, il peint l'humanité, et ses peintures sont aussi variées que fidèles; mais il nous montre l'homme au milieu du tumulte des évènements et des passions ; il affranchit ses héros de toutes les conventions de la société, et il aime à représenter l'humanité dans toute l'indépendance de ses passions et de ses vertus.

Osons comparer ici rapidement le talent de ces deux créateurs du roman.

Walter Scott travaille avec son imagination, Lesage avec son esprit : l'un, scrupuleux observateur de la vérité historique, recueille les préjugés nationaux, les opinions de l'époque et les superstitions populaires; chez lui, les passions générales des hommes sont subordonnées à toutes ces circonstances des temps et des lieux. Chez l'autre, ce n'est point le Français ou l'Écossais, l'homme du seizième ou du dix - septième siècle que nous voyons dépeint, c'est l'avare, c'est l'ambitieux. Tous deux excellent à peindre des personnages d'une condition inférieure, et à leur prêter une sorte de dignité littéraire; mais dans l'un c'est la finesse de l'esprit, dans l'autre c'est l'énergie des passions qui les élèvent à nos yeux au-dessus de leur état. Lesage sacrifie souvent la conscience de ses héros à la gaîté d'une intrigue; on reconnaît l'auteur comique: Walter Scott donne aux siens quelque chose de fier et d'énergique. On ne s'avise pas, en lisant l'un, de penser à ce que pourraient être ses héros, si, enlevés à leurs petites passions, ils étaient transportés au milieu du tourbillon des révolutions; on sent même qu'ils sont d'une nature trop débile pour ces grandes épreuves; en lisant l'autre, on est embarrassé de savoir comment tous ces hommes qui ont quelque chose d'âpre et de gigantesque comme les rochers de leur Écosse, pourraient se rapetisser à la vie du ménage. Donnez à Walter Scott l'Espagne pour théâtre d'un roman, ce n'est pas dans Madrid ou dans Séville qu'il choisira son héros et sa scène, c'est au milieu des montagnes d'où s'élançaient jadis les compagnons de Pélage : enfin, celui - ci a peint la vie tranquille des monarchies, celui-là l'existence agitée et dramatique des révolutions, et tous deux ont retracé ce qu'ils voyaient : l'un vivait dans le dix-huitième siècle, où l'homme sommeillait dans le repos du luxe et des beaux arts, l'autre vit au milieu des agitations du dix-neuvième ; tous deux aussi ont bien connu l'esprit de leur époque. Aujourd'hui, le roman historique répond à l'état de la société; car il nous montre l'homme passionné pour de grands intérêts, occupé à défendre, ou son culte, ou sa liberté, ou sa patrie; et dans le dix - huitième siècle, où l'homme n'était pas encore né à l'existence politique, où les relations du monde étaient tout pour lui, il aimait à retrouver dans le roman de mœurs, cette société qu'il voyait autour de lui. Lesage servit ses contemporains selon leur goût : dans ses pièces de théâtre c'est encore la société qu'il retrace.

La société présentait alors un spectacle à la fois triste et singulier : un roi vieillissant qui survivait à sa gloire comme à sa famille, majestueux encore, mais qui n'avait plus que la majesté de la résignation; un peuple malheureux et bientôt mécontent, qu'aigrissaient à la fois ses misères présentes et le souvenir de sa splendeur passée, et au milieu de cet abaissement général, la scandaleuse puissance des traitants et des maltotiers. Ce n'était plus, comme autrefois, une opulence obscure et méprisée : enhardie par nos misères, fière de l'assistance qu'elle donnait à l'état, et qu'on était forcé de recevoir et souvent de solliciter, la maltote régnait impunément dans les salons comme à la cour; et l'on voyait Louis XIV lui-même flatter par ses condescendances la vanité de Samuel Bernard, et le promener dans ses jardins de Marly, tandis qu'enivré de ces honneurs qu'on n'offrait qu'à sa fortune, ce nouveau bourgeois gentilhomme rendait quelque temps l'abondance au trésor épuisé. C'est à cette époque que Lesage osa, dans Turcaret, attaquer cette puissance financière qui semblait étonnée elle - même des hommages qu'elle recevait: l'entreprise était hardie; mais malgré leur crédit les traitants étaient ridicules, et la grossièreté de leurs manières qu'ils cherchaient vainement à déguiser, leur inexpérience du monde, où ils ne paraissaient que pour servir de jouets aux beaux esprits ou pour prêter leur argent, cette présomption inepte que leur inspiraient leur opulence et les flatteries de leurs débiteurs, ces efforts toujours inutiles pour acquérir l'élégance du bon ton, et qui n'aboutissaient qu'à une imitation grotesque; tout chez eux prêtait à la malice

du poète comique. En vain, croyant acheter le silence
de l'auteur, comme ils avaient souvent acheté celui des
chambres de justice, ils offrirent cent mille francs à
Lesage, et voulurent, pour ainsi dire, transiger sur
leurs ridicules comme ils transigeaient quelquefois
sur leurs friponneries; Lesage les refusa, et cette fois
du moins cette habileté financière qui estimait tout
au prix de l'argent fut trompée dans ses calculs.

Je ne sais si Turcaret fut dicté par le dépit, et si
Lesage voulut se venger de quelques traitants; mais
l'expiation fut sanglante, et l'auteur dans cette pièce
se montra le digne élève de Molière. Quelle verve comique en effet dans la peinture de cet épais finan-
cier tout gonflé d'or et de bêtise, dont les vices ne
sont pas encore assez élégants pour échapper au ridicule, et qui, trompé par une coquette et un valet,
moqué par tous les personnages, livré à l'humilia-
tion d'avoir retrouvé sa famille qu'il fuyait, provoque
le rire jusque dans ses malheurs, toujours trop vil
pour devenir intéressant, toujours trop niais pour
n'être que méprisable. On a reproché à Lesage de
n'avoir peint dans cette pièce que des êtres dégradés :
rien n'y repose la vue; on n'y retrouve pas un de ces
hommes sur lesquels l'ame aime à s'arrêter avec com-
plaisance. C'est sans doute un défaut de Lesage de ne
regarder la morale que comme un accessoire subalterne; mais dans la comédie l'aspect du vice et de la
bassesse n'est-il pas assez repoussant par lui-même,
sans qu'un personnage vienne proclamer son horreur,
et nous avertisse de haïr? La vertu humaine est-elle

donc si fragile qu'il lui faille toujours un mentor au théâtre comme dans la vie ? Peut - être dans les ouvrages où l'on montre un personnage à la fois vicieux et vertueux, peut-être pour arracher la faiblesse humaine à la séduction de l'exemple, faut-il unp erson-nage qui distingue le bien et le mal, et fasse entendre les oracles du bon sens et de la sagesse au milieu des illusions de l'imagination : c'était l'office du chœur chez les anciens, c'est chez nous le rôle des Aristes ; mais dans un ouvrage où la bassesse est peinte franchement, où l'on peut mépriser sans craindre d'offenser une vertu, et s'intéresser sans compromettre son estime, ce rôle est inutile : tout dans Turcaret est combiné pour produire à la fois le mépris et la gaîté : le rire prévient seul le dégoût ; c'est le Gusman d'Alfarache de la comédie ; c'est, pour me servir de l'expression pittoresque de Lesage, un ricochet de friponneries et de turpitudes. Mais dans cette association du vice on reconnaît le littérateur habile qui, guidé dans son travail par l'expérience du monde, réunit dans ses ouvrages ce qui est réuni dans la vie.

Bientôt, fatigué des cabales de théâtre et des coteries de la Comédie-Française, l'auteur de Turcaret, que protégeaient en vain son talent et ses succès, porta ses ouvrages au théâtre de la foire. A côté de la Comédie-Française, qui représentait nos chefs-d'œuvre dramatiques, s'était élevé, depuis 1705, un théâtre subalterne, long-temps abandonné aux bouffonneries italiennes et aux plaisirs de la populace. Persécutés par la Comédie-Française les forains avaient opposé l'adresse à la tyrannie des prétentions de leurs rivaux. On leur avait interdit le dialogue, ils avaient chanté ; on proscrivait la chanson, ils s'étaient réfugiés dans la pantomime, et dans leurs métamorphoses diverses ils avaient su trouver l'art de toujours égayer le public : bientôt leurs pièces, destinées d'abord au peuple, attirèrent jusqu'aux courtisans, et la gaîté licencieuse, la bouffonnerie triviale de leurs jeux réveilla la satiété des grands seigneurs : on les vit quitter les plaisirs délicats de la scène française pour chercher des représentations où ils commençaient par rougir, et finissaient par s'amuser. C'est vers la dernière année du règne de Louis XIV qu'on vit paraître cet engouement bizarre. Il semblait qu'au milieu des malheurs qui assiégeaient la France, une sorte de vertige entraînait les esprits vers des distractions grossières, et que le peuple et la cour à l'envi voulussent se débarrasser du poids de leurs pensées et de leurs malheurs, en s'abandonnant aux étourdissements de la joie : bientôt la mode consacra les jeux de la foire ; et lorsque, sous la régence, la nation tout entière était comme possédée d'un immense besoin de plaisirs et de gaîté, quel spectacle pouvait mieux convenir à ses goûts ? les grands trouvaient dans cette participation aux plaisirs du peuple je ne sais quelle confusion et quelle égalité grotesque qui leur plaisait ; c'était pour eux une sorte de déguisement qui les délassait de la gêne cérémonieuse de leur rang ; et le peuple à son tour, qui voyait ses goûts, pour ainsi dire, ennoblis par l'empressement des grands, trouvait à la fois dans les jeux de la foire, l'attrait du plaisir et de la vanité.

Tel fut le théâtre pour lequel travailla Lesage en abandonnant la scène française ; mais quoique dans ces œuvres il fût forcé de rapetisser son génie, cependant l'auteur de Turcaret et de Gil Blas s'y retrouve encore. Ce ne sont que des ébauches, mais le trait du maître s'y distingue. Il n'élève pas son genre au-dessus des spectateurs ; mais il remplace la trivialité par une gaîté vive encore, mais qui n'est plus grossière : ce ne sont plus des scènes décousues, des chants dénués d'action ; ce sont des tableaux toujours vrais, quelquefois gracieux. L'intrigue excite et suspend la curiosité : il sait mettre en scène la vanité, l'ambition et toutes les passions qu'il a déja peintes ; il les barbouille d'un vernis grotesque ; on voit qu'en écrivant il connaissait ceux pour qui il composait, mais souvent l'on est tenté de lever la veste de Gilles pour voir quelque lourd parvenu successeur de Turcaret, ou d'ôter le masque d'Arlequin pour reconnaître quelque courtisan. Veut-il par hasard intéresser ses spectateurs ? il peint la douleur, simplement, naturellement, telle qu'il l'a vue dans le peuple ; et lui, qui dans le Diable boiteux nous découvre malicieusement le secret de toutes les douleurs du monde, ici il croit à ce qu'il décrit, guidé toujours par cette observation judicieuse que chez le peuple il n'y a pas encore assez de raffinement pour corrompre les vertus par l'affectation, ou pour couvrir les vices d'un éclat de frivolité élégante : enfin, Lesage avec plusieurs autres auteurs fut le fondateur d'un de ces genres de littérature que nous pouvons appeler populaire, l'opéra comique ou plutôt le vaudeville, dont les refrains faciles et gais font circuler les épigrammes en leur donnant la musique pour passe-port, le vaudeville aussi vieux que la gaîté française, joyeux enfant de la vivacité des troubadours provençaux et de la malice des trouvères picards, et qui devint pour nos pères un besoin et bientôt un droit.

Telle fut la carrière littéraire de Lesage; il la parcourut avec honneur, mais sans ambition : toujours modeste, c'est par ses ouvrages seuls qu'il obtint sa réputation, et jamais il ne rechercha les dignités et les titres littéraires. L'hommage solennel que lui rend aujourd'hui l'Académie semble réparer en quelque sorte le tort de sa modestie. Sans doute elle a cru qu'elle devait cette marque d'estime à l'écrivain dont le style est toujours pur et facile, toujours clair et élégant : en effet son expression est comme sa pensée, simple et sans affectation ; rapide et spirituelle, elle se prête avec souplesse à la gaîté dans les récits, à la satire dans les portraits ; toujours exempt de mauvais goût, quoiqu'il fasse souvent parler des Espagnols beaux esprits, Lesage ne cherche pas les saillies, il les rencontre : enfin, il semble en quelque sorte avoir voulu peindre lui-même son style, lorsque le comte d'Olivarès, après avoir lu un mémoire rédigé par Gil

Blas, lui dit : « Santillane, ton style est concis et même « élégant : il n'est qu'un peu trop naturel. » Cette simplicité qui, pouvait déplaire au comte d'Olivarès, a plu au public, qui dans un roman veut que le style, toujours rapide et facile, se prête à l'impatience de sa curiosité.

Nous avons cherché à apprécier le talent de Lesage; mais nous ne nous flattons pas d'avoir réussi, et son meilleur éloge sera toujours la lecture de son inimitable Gil Blas. Avant lui, on n'avait pas soupçonné ce que pouvait fournir à l'imagination le développement d'un caractère, il le montra; mais le roman de mœurs resta cependant tel qu'il l'avait fait; et Gil Blas fut sans imitateur, comme il avait été sans modèle. On dirait qu'en l'étudiant les écrivains étonnés de l'originalité de cette composition si profonde dans sa simplicité, et qui ne se soutient qu'à force de gaîté et d'esprit, ont reculé devant les chances d'une imitation aussi hasardeuse. Heureux celui qui plus habile pourra saisir le secret du talent de Lesage! il est encore caché; mais il n'attend pour être découvert que quelques efforts de pénétration et de sagacité : c'est lui-même qui semble nous l'enseigner dans la fable allégorique qui précède Gil Blas.

Deux écoliers, dit-il, rencontrèrent un tombeau avec cette inscription : « Ici est enfermée l'ame du licencié Garcias. » Le plus jeune se mit à rire, et s'éloigna ; son compagnon plus judicieux resta, et, après avoir soulevé la pierre, trouva une bourse de cuir avec

cent ducats ; ravi de cette découverte , il reprit le che-
min de Salamanque avec l'ame du licencié Garcias.

Appliquons au talent de Lesage cette allégorie, où
il désigne la morale de son ouvrage, et disons aussi :
Heureux l'écrivain qui s'appropriera l'ame du licencié
Garcias.

9 782019 628840